OSHO

# Von wegen Weisheit!

## Überraschendes für wache Geister

innenwelt verlag

Die Texte für dieses Buch sind Auszüge aus Transkripten aus verschiedenen Diskursen, die Osho vor einer internationalen Zuhörerschaft gehalten hat.
Osho Diskurse auf Audios und das vollständige Text-Archiv finden sie unter der online Bibliothek „Osho Library" bei www.osho.com

Auzüge aus dem englischen Titel: Your Answers Questioned, St. Martins Press

1. Auflage 2004
Übersetzung: Prem Nirvano
Gestaltung: Bunda S. Watermeier



Druck: Graphicom Group
Printed in Italy

ISBN 3-936360-74-x

## Vorwort

Vor einigen Jahren wohnte ich in London. Die Engländer haben das grandiose Talent, vor ihre Reihenhäuser – in ein paar winzige Quadratmeter Erde –, ganze Landschaften zu packen.
In meinem ersten Londoner Frühling ging ich jeden Morgen zu Fuß zum Bahnhof – vorbei an diesen Blütenmeeren am Rande der Bürgersteige. Wenn es nachts geregnet hatte, bot jeder Vorgarten etwas Neues. Vor einem bestimmten Haus traf ich im Vorbeieilen fast jeden Morgen eine Mutter, die mit ihrer kleinen Tochter den Gang zum Kindergarten antrat. Ihr Garten war besonders schön, an einer Seite war er gesäumt von üppigen Hortensienbüschen.
Ich verfolgte gespannt deren Verwandlung von Dunkelgrün zu Hellgrün und bald zum ersten Rosa. An diesem Morgen waren sie geradezu explodiert, die Transformation war atemberaubend. Als ich auf der Höhe ihres Hauses war, hörte ich das kleine Mädchen ausrufen: „Mammi, Mammi, sieh doch nur!"

Ich wusste sofort, dass sie die Blütenpracht der Hortensien meinte. Ihre Mutter antwortete langsam und belehrend: „Yes dear. These are hy-dran-geas." Das sind Hor-ten-si-en.
Für den Rest meines Weges zum Bahnhof konnten sich meine Gedanken nicht mehr von diesem Dialog lösen. Ob sich im Kopf dieses kleinen Mädchens fortan jeder Augenblick von entzücktem Staunen wohl mit dem Wort ‚Hy-dran-gea' verbinden würde? Wird sie bei ihrem ersten überwältigenden Sonnenuntergang am Meer, bei ihrer ersten romantischen Herzenswallung wohl zu sich selber sagen: „Mir ist so … Hy-dran-gea"?
Ich wusste wirklich nicht, ob ich lachen oder weinen sollte.
Uns allen ist es doch genauso ergangen, jedem auf seine Weise. Wir alle sind aus einer Kinderwelt voller Staunen in ein Erwachsenenleben hineinkatapultiert worden, das voller Antworten ist … selbst auf Fragen, die wir noch gar nicht gestellt hatten!

Man bringt uns bei, alles zu etikettieren, zu vergleichen und klassifizieren –, bis sich das Ganze zu einem immer drückenderen Sack voll seichter Antworten und Gemeinplätze summiert. Womit ich nicht sagen will, dass Antworten bisweilen ganz nützlich sind – klar, das sind sie. Aber wenn sie unhinterfragt über Jahre, ja Generationen immer nur angehäuft werden – nun, es liegt ja auf der Hand, in was für einen Schlamassel wir damit geraten.

„Von wegen Weisheit" ist eine außergewöhnliche Sammlung kurzer, faszinierender Texte aus der Fülle von Oshos Werk.

Jede Seite lädt ein, die Welt einmal mit anderen Augen, aus einem anderen Blickwinkel zu sehen. Man wird mit sanfter Gedankenhand in neue, überraschende Richtungen gestupst.

Vielleicht kippt darüber die eine oder andere alte Ansicht über eine noch ältere Menschheitsfrage einfach über Bord … .

Carol Neiman

## Die Wahrheit ... nichts als die Wahrheit

Es gibt nichts mit der Aufschrift „Die Wahrheit“,
so dass du sie eines Tages findest und die Kiste
aufmachst und ihren Inhalt siehst und sagst:
„Toll! Ich hab die Wahrheit gefunden.“
So eine Kiste gibt es nicht.
Deine Existenz ist die Wahrheit,
und wenn du still wirst, bist du in Wahrheit.
Und wenn dein Schweigen absolut ist,
bist du in der letztmöglichen Wahrheit.
Aber stell dir die Wahrheit bitte nicht als Ding
vor – sie ist kein Ding.
Sie ist nicht dort, sie ist hier.

## Weisheit ist leise

Der intelligente Mensch zögert, überlegt,
weiß nicht so recht.
Der unintelligente Mensch weiß sofort Bescheid,
zögert nie.
Wo der Weise allenfalls flüstert,
brüllt der Narr es von den Dächern.

## Warum sich bedeckt halten?

Alle raten sie dir, dich bedeckt zu halten.
Warum?
Ein so kurzes Leben – warum sich bedeckt halten?
Spring so hoch wie du kannst!
Tanze so verrückt wie du kannst!

## Mehrheitsverhältnisse

Meide diese Heuchler, die dir sagen, wo's langgeht.
Nimm die Zügel in die eigenen Hände. Du musst
entscheiden. Tatsächlich wird mit dieser
Entschiedenheit deine Seele überhaupt erst geboren.
Solange noch andere für dich entscheiden,
bleibt deine Seele weiterhin schlafend und dumpf.
Sobald du anfängst, auf dich gestellt zu entscheiden,
bekommst du Konturen.

## Was ist real?

Viele von unseren Problemen – vielleicht sogar die meisten davon – existieren, weil wir sie nie von Angesicht zu Angesicht angeschaut, uns ihnen gestellt haben.
Sie nicht anzuschauen gibt ihnen Energie. Angst vor ihnen zu haben gibt ihnen Energie, sie ständig umgehen zu wollen gibt ihnen Energie – denn damit akzeptiert man sie als wirklich. Ihre ganze Existenz beruht darauf, dass du sie als wirklich ansiehst.
Außer deiner Akzeptanz haben sie keine Existenz.

## Mensch bleiben

Höre auf, dich zu verurteilen.
Statt dich zu verurteilen, fang lieber an dich in all
deiner Unvollkommenheit zu akzeptieren,
mit deinen Schwächen, mit deinen Fehlern,
mit dem, wo du versagt hast.
Verlange nicht von dir vollkommen zu sein.
Damit verlangst du Unmögliches, und dann fühlst
du dich nur frustriert.
Schließlich bist du auch nur ein Mensch.

## Totales Bemühen

Mach dir keine Gedanken darüber, perfekt zu sein.
Ersetze das Wort ‚Perfektion' durch ‚Totalität'.
Bemüh dich nicht darum, perfekt zu sein,
bemüh dich darum, total zu sein.
Totalität verleiht dir eine völlig neue Dimension.
Zwischen Perfektion und Totalität ist ein Riesen-
unterschied. Perfektion ist ein Ziel irgendwo in der
Zukunft, Totalität ist eine Erfahrung hier und jetzt.
Totalität ist kein Ziel, sondern eine Art zu leben.

## Sünder und Heilige

Kratze ein bisschen an der Oberfläche –
und hinter deinem Heiligen wirst du
den Sünder finden.

## Praktisch veranlagt?

Das Schlimmste was einem Menschen passieren kann
ist, dass er zu ernst und zu praktisch wird.
Ein kleines bisschen Verrücktheit,
ein kleines bisschen Exzentrik kann nie schaden.

## Nur Mut ... zur Angst

Mut heißt, sich trotz aller Ängste ins Unbekannte zu wagen. Mut bedeutet nicht Angstlosigkeit.
Ohne Angst zu sein erlebst du erst, wenn du immerzu Mut und noch mehr Mut aufbringst. Ohne Angst zu sein ist die letztendliche Erfahrung von Mut. Das ist der Duft, der ausströmt, wenn dein Mut unerschütterlich geworden ist.
Aber am Anfang besteht zwischen dem Feigling und dem Mutigen kein großer Unterschied. Der einzige Unterschied ist, dass der Feigling auf seine Ängste hört und ihnen folgt, und der mutige Mensch sie beiseite schiebt und weitergeht. Der mutige Mensch geht trotz all seiner Ängste ins Unbekannte hinein.

## Die Wahrheit ist nicht demokratisch

Man darf nicht darüber abstimmen, was wahr ist;
sonst fänden wir nie und nimmer zur Wahrheit.
Die Leute stimmen für alles Bequeme – und Lügen
sind deshalb so bequem, weil man keinen Finger
für sie zu rühren braucht, außer dran glauben.
Die Wahrheit erfordert viel Anstrengung,
Entdeckermühe, Risiken, und sie verlangt,
dass du ganz allein einen Weg einschlägst,
den noch nie zuvor jemand genommen hat.

## Schönes Geheimnis

Du solltest genau verstehen, was der Unterschied zwischen einem Geheimnis und einem Problem ist. Ein Problem ist etwas vom Verstand Erzeugtes. Ein Geheimnis ist etwas, das einfach da ist und nicht vom Verstand erzeugt wird. Ein Problem hat etwas Hässliches an sich, wie eine Krankheit. Ein Geheimnis ist schön. Bei einem Problem geht man sofort in Kampfstellung: Du musst es lösen! Da stimmt irgendwas nicht, und du musst es richtigstellen; da fehlt etwas, und du musst die fehlende Verbindung schaffen. Bei einem Geheimnis stellen sich solche Fragen erst gar nicht.

Der Mond geht auf in der Nacht … es ist kein Problem, es ist ein Mysterium. Damit musst du leben. Du musst mit ihm tanzen, du musst mit ihm singen, oder du kannst auch einfach nur still mit ihm zusammen sein – etwas Geheimnisvolles umgibt dich.

## Krise oder Chance

Du träumst immerzu, stellst dir schöne Dinge für die kommenden Tage vor, für die Zukunft. Und in Augenblicken, da Gefahr droht, wirst du plötzlich gewahr, dass es vielleicht keine Zukunft, kein Morgen mehr gibt, dass dies der einzige Augenblick ist, den du hast.
Katastrophen sind sehr lehrreich. Sie bringen der Welt nichts Neues; sie machen dir einfach nur bewusst, wie die Welt ist. Sie wecken dich auf.

Wenn du das nicht verstehst,
kannst du verrückt werden.
Wenn du es verstehst, kannst du erweckt werden.

Wenn du das nicht verstehst,
kannst du verrückt werden.
Wenn du es verstehst,
kannst du erweckt werden.

## Von der Neugier zur Dringlichkeit

Es ist gut, neugierig zu sein, denn nur so tritt man seine Forschungsreise in die Existenz an. Wer sich aber nur mit der Neugier begnügt, dem wird die nötige Intensität fehlen. Man kann von einem Kuriosum zum anderen pilgern – so wird man zum Treibholz –, lässt sich von einer Welle zur nächsten tragen, ohne irgendwo vor Anker zu gehen.

Neugier ist ein guter Anfang, aber danach muss man leidenschaftlicher werden.

Man muss sein Leben zu einer Suche machen, nicht nur zu einer interessanten Tour.

Und was meine ich damit, wenn ich sage, „Man muss sein Leben zur Suche machen“?

Fragen gibt es viele, eine Suche nur einmal. Wenn eine Frage so dringend wird, dass du bereit bist, dein Leben dafür zu opfern, dann ist es eine Suche. Wenn eine Frage von solcher Wichtigkeit ist, von solcher Bedeutung, dass du bereit bist, alles dafür aufs Spiel zu setzen was du hast, dann wird daraus eine Suche.

## Leben ist gefährlich

Wer wirklich leben möchte,
der muss in Gefahr leben, in ständiger Gefahr.
Wer zu den Gipfeln gelangen will,
der muss riskieren sich zu verirren.
Wer die höchsten Gipfel erklimmen will,
der muss das Risiko wagen,
irgendwo unterwegs abzustürzen,
den Halt zu verlieren.

Wer den höchsten Gipfel erklimmen will,
der muss das Risiko wagen,
irgendwo unterwegs abzustürzen,
den Halt zu verlieren.

## Ehrbare Annehmlichkeiten

Die Gesellschaft macht dir weis: „Wähle das Naheliegende, das Bequeme, wähle den Trampelpfad, den schon deine Vorfahren gegangen sind – und deren Vorfahren und deren Vorfahren, bis zu Adam und Eva. Wähle den ausgetretenen Weg! Ist es nicht Beweis genug, dass so viele Millionen ihm schon gefolgt sind? Da kannst du dich gar nicht verirren!“

Aber merke dir eines: Die Masse hat noch nie die Wahrheit in Erfahrung gebracht. Die Wahrheit haben seit jeher nur Einzelne erfahren.

Wann immer du eine Entscheidung zu treffen hast,
gib Acht: Entscheide dich nicht für das Angenehme,
das Bequeme, das Angesehene, das gesellschaftlich
Akzeptierte, das Ehrbare.

Entscheide dich für etwas, das in deinem Herzen
widerhallt.
Wähle etwas, das du wirklich tun möchtest,
ohne Rücksicht auf mögliche Konsequenzen.

## Dumme Fehler?

Fehler zu machen ist nicht verkehrt – mach so viele Fehler wie möglich; denn nur so wirst du dazulernen. Nur wiederhole denselben Fehler nicht wieder und wieder, sonst verdummst du.

## Ego und Co.

Ein wirklich egoloser Mensch ist durchaus nicht demütig. Er ist weder arrogant noch demütig, sondern einfach nur er selbst.

## Achtung Gutmensch!

Du musst auf der Hut sein vor Leuten mit guten
Absichten, denen, die es gut mit dir meinen,
die dir ständig den Rat geben, so oder so zu sein.
Höre ihnen zu und bedanke dich.
Sie meinen es gut mit dir – aber dir tut es nicht gut.
Höre auf dein Herz. Es ist dein einziger Lehrer.
Auf der eigentlichen Lebensreise ist deine eigene
Intuition dein einziger Lehrer.

Sie meinen es gut mit dir –

aber es tut dir nicht gut.

Höre auf dein Herz.

## Wer spricht da?

Was immer du tust, was immer du denkst, wozu du dich auch entscheidest – achte vor allem hierauf: Kommt es aus dir oder spricht da jemand anders? Du wirst überrascht sein, wessen Stimme es wirklich ist; vielleicht spricht da deine Mutter – du wirst sie sprechen hören. Vielleicht ist es dein Vater; es ist überhaupt nicht schwer, dahinterzukommen.

Es ist in dir gespeichert, genauso in dir festgehalten, wie es dein Vater das erste Mal zu dir gesagt hat – als Ratschlag, als Befehl, als Zurechtweisung, als Gebot. Wirf all die Stimmen raus, die in dir sind, und bald wirst du überrascht sein, eine feine, ganz leise

Stimme zu vernehmen, die du noch nie gehört hast.
Du weißt nicht, wessen Stimme es ist.
Nein, sie gehört nicht deiner Mutter, auch nicht deinem Vater, schon gar nicht deinem Priester oder deinem Lehrer … Aber auf einmal, ganz plötzlich erkennst du: Es ist deine Stimme!
Deswegen konntest du sie nicht erkennen, nicht festmachen, wem sie gehört.

Entdecke deine Stimme – dann folge ihr ohne Angst. Wo immer sie dich hinführt, dort liegt dein Lebensziel, dort ist deine Bestimmung. Nur dort wirst du Erfüllung und Zufriedenheit finden.

## Sehnsucht contra Geschwätz

Genauso zu sein wie alle anderen heißt, sich mit allen möglichen Lügen gemein machen; mag die Gesellschaft sie auch als Anstand oder gutes Benehmen bezeichnen. Der Grund, warum die Leute die Wahrheit im Mund führen und doch in einer Welt voller Lügen bleiben, ist klar.

In ihrem Herzen haben sie Sehnsucht nach Wahrheit. Sie schämen sich, nicht ehrlich zu sein, also führen sie die Wahrheit im Munde … aber das ist bloßes Geschwätz. Ihr Leben danach auszurichten ist gefährlich; das können sie nicht riskieren.

Und das Gleiche gilt für die Freiheit.

Alle wollen sie Freiheit, wenn man sie so reden hört,

aber niemand ist wirklich frei und niemand will wirklich frei sein.
Denn Freiheit bringt Verantwortung mit sich – sie kommt nie allein.

## Sehnsucht contra Ehrgeiz

Ehrgeiz wendet sich dem Ziel zu und Sehnsucht wendet sich dem Ursprung zu. Ehrgeiz bedeutet: Es gibt „da draußen" etwas zu erreichen. Er basiert auf einem Ziel; da gibt es ein Motiv. Darum kann man es rational angehen. Du kannst abwägen, ob sich der Aufwand, es zu erreichen, lohnt oder nicht. Das Gefühl spielt keine Rolle, sondern nur das Kalkül.
Du musst dich in eine bestimmte Richtung bewegen; denn die Welt ist sehr gerissen und alle haben dasselbe Ziel vor Augen und es gibt Rivalen.
Du musst schlau und gewieft sein … und vorsichtig.
Du musst politisch sein, diplomatisch sein.
Die Sehnsucht hat kein Ziel, sondern nur einen

Ursprung. Dieser Ursprung ist das Herz. Vincent van Gogh hat seine Bäume immer so gemalt, als griffen sie nach den Sternen. Die Sterne malte er klein, den Mond und die Sonne malte er klein, doch die Bäume fielen immer so riesig aus … Einmal wurde er gefragt: „Hast du sie nicht mehr alle? Warum malst du immer so riesige Bäume? Der entfernteste Stern ist abermillionen Lichtjahre weit weg, und deine Bäume greifen über die Sterne hinaus! Was soll der Unsinn?" Aber Van Gogh lachte und sagte dann: „Ich weiß! Aber ich weiß auch noch etwas, wovon Sie keine Ahnung haben: Die Bäume sind nämlich die Sehnsucht der Erde, über die Sterne hinauszuwachsen. Ich male dieses Verlangen – keine Bäume. Ich interessiere mich mehr für den Ursprung, nicht für das Ziel. Es ist nicht wichtig, ob sie die Sterne erreichen oder nicht. Ich gehöre der Erde an, ich bin ein Teil von ihr, und so kann ich die Sehnsucht der Erde verstehen. Und so drücken die Bäume die Sehnsucht dieser Erde aus – stets nach den Sternen greifen zu wollen."

Und für die Sehnsucht ist alles möglich, nichts ist für sie unmöglich. Ihr geht es nicht darum, irgendwo anzukommen – sie genießt einfach nur die Quelle, aus der ihr Sehnen kommt.

Schau tief in dein Herz hinein. Lausche der leisen, kleinen Stimme darin. Und vergiss eines nicht:

Das Leben findet seine Erfüllung nur durch die Sehnsucht, niemals durch Ehrgeiz.

Schau tief in Dein Herz hinein.

Lausche der leisen,

kleinen Stimme darin

## Ehrfurcht

Leben an sich ist unsicher. Das ist seine naturgegebene Eigenschaft, die nicht zu ändern ist.
Der Tod ist sicher, absolut sicher.
Im selben Moment, da du dich für Sicherheit entscheidest, hast du dich unwissentlich für den Tod entschieden.

Im selben Moment, da du dich für das Leben entscheidest, hast du dich unwissentlich für Unsicherheit entschieden.
Das Gesicherte, das Vertraute wird dir langsam langweilig, stumpft dich ab.

Das Ungesicherte, das Unbekannte, das
Unerforschte macht dich ekstatisch …
damit fühlst du dich ekstatisch, wieder wie ein Kind,
bekommst du wieder diese staunenden Augen,
wieder dieses Herz, das Ehrfurcht zu fühlen vermag.

## Spring!

Wer hat Angst vor dem Tod?
So jemand ist mir noch nie begegnet.
Aber fast jeder Mensch, der mir begegnet ist,
hat Angst vor dem Leben.

Schüttle sie ab, die Lebensangst … denn du kannst
entweder Angst haben oder du kannst leben.
Es liegt an dir. Wovor sollte man auch Angst haben?
Du hast nichts zu verlieren, du kannst alles gewinnen.
Feg alle Ängste beiseite und wirf dich total ins
Leben!

## Leben ist Gott

Leben ist gleichbedeutend mit Gott – du kannst das Wort „Gott“ vergessen – Leben ist Gott. Lebe voller Ehrfurcht, voll großer Achtung und Dankbarkeit. Du hast dieses Leben unverdient bekommen, es war ein schieres Geschenk vom Jenseits. Sei dankbar und voll innerer Andacht. Nimm so viele Bissen davon wie möglich, kaue es gut durch und verdaue es gut. Mache alle erdenklichen Lebenserfahrungen: gute – schlechte, bittere – süße, dunkle – helle, Sommer – Winter. Nimm alle Gegensätze mit. Schrecke vor keiner Erfahrung zurück; denn je mehr Erfahrung du hast, desto mehr wirst du eins werden.

## Hast du was verpasst?

Nur die ungelebte Vergangenheit wird dir psychologisch zur Last. Ich wiederhole: die ungelebte Vergangenheit. All die Augenblicke, die du hättest leben können und dann doch nicht gelebt hast; all die Liebesgeschichten, die hätten aufblühen können – doch du hast sie verpasst. All die Lieder, die du hättest singen können, du aber hast dich an irgendwas Dummes geklammert und dein Lied versäumt …
Nur deine ungelebte Vergangenheit
wird dir zur seelischen Last werden, und mit jedem Tag wird sie schwerer werden.

Darum wird der alte Mensch so reizbar. Das ist nicht seine Schuld. Er weiß nicht, warum er so reizbar ist, wieso ihn alles und jedes so auf die Palme bringt, warum er unentwegt grollt, warum er niemandem sein Glück gönnt, warum er es nicht ertragen kann, wenn kleine Kinder tanzen, singen und springen und jubeln. Warum will er, dass alle mucksmäuschenstill sind … was ist nur in ihn gefahren?!

Es ist ein ganz einfaches psychologisches Phänomen: Sein ganzes ungelebtes Leben. Wenn er sieht, wie ein Kind zu tanzen beginnt, schmerzt sein inneres Kind. Sein inneres Kind hat irgendwie niemals tanzen dürfen – vielleicht lag's an den Eltern, den Älteren, vielleicht an ihm selbst, weil er als so wohlerzogen

und brav galt. Man hatte ihn den Nachbarn vorgeführt und gesagt: „Seht mal, was für ein stilles, ruhiges, artiges Kind! Stört nie, frißt nichts aus!“ Das hatte ihm geschmeichelt. Wie auch immer – er hat es versäumt. Jetzt kann er’s nicht mit ansehen, kann er dieses Kind nicht ertragen. Dabei ist es nur seine ungelebte Kindheit, was da anfängt so wehzutun. Sie hat eine Wunde hinterlassen.
Und mit wie vielen Wunden schleppst du dich ab?
Die Wunden stehen Schlange – zu Tausenden –
wie viele hast du ungelebt gelassen?

… Nur die ungelebte Vergangenheit wird dir psychologisch zur Last. Ich wiederhole : nur die ungelebte Vergangenheit.

## Du kommst und gehst mit nichts ...

Die Angst vor dem Tod ist nicht die Angst vor dem Tod, sondern die Angst davor, unerfüllt zu bleiben. Du wirst irgendwann sterben, und du hast nichts, nicht das Geringste durch das Leben zu erfahren vermocht – keine Reife, keine Entwicklung, keine Blütezeit ...
Mit leeren Händen bist du gekommen,
mit leeren Händen gehst du wieder davon.
Davor hast du Angst.

## Potenziell gut!

Wann immer du deinem Potenzial folgst,
fährst du am besten.
Wann immer du unter deinem Potenzial bleibst,
bleibst du durchschnittlich.
Die ganze Gesellschaft besteht aus
durchschnittlichen Leuten,
einfach weil niemand das ist,
wozu er bestimmt war – er ist etwas anderes.

## Die Qual der Wahl

Der Mensch kommt als Saatkorn zur Welt;
vielleicht wird er zu einer Blume,
vielleicht auch nicht.
Es kommt ganz auf dich an, auf das,
was du aus dir machst.
Es kommt ganz auf dich an, ob du wächst oder nicht.
Du hast die Wahl –
und jeden Augenblick bist du vor die Wahl gestellt;
jeden Augenblick stehst du am Scheideweg.

Es kommt ganz auf dich an,

auf das,

was du aus dir machst.

## Der Verstand … liebt Konflikte

Von Aristoteles bis Wittgenstein haben Tausende brillanter Köpfe ihre ganze Brillanz vergeudet, einfach weil sie darauf aus waren, Einzelprobleme zu lösen, statt dem Ganzen auf den Grund zu gehen. Der Verstand ist das einzige Problem. Der Verstand kennt nur Streit. Selbst da, wo es nichts zu streiten gibt, erfindet der Verstand Streitpunkte. Der Verstand kann nicht ohne Probleme existieren. Probleme sind sein Futter. Konflikte, Streit, Disharmonie – und sofort fühlt sich der Verstand pudelwohl und daheim. Stille, Harmonie – und dem Verstand wird mulmig, denn Harmonie, Stille und Frieden bedeuten für den Verstand nichts anderes als sein Tod.

## Der Verstand ... ist aber ein ausgezeichneter Diener

Der Verstand ist ein Roboter. Der Roboter erfüllt seinen Zweck. Auf die Art funktioniert der Verstand: Du lernst etwas, und während du lernst, bist du zunächst wach. Wenn du z.B. das Schwimmen erlernst, bist du hellwach, denn du schwebst in Lebensgefahr. Oder wenn du Autofahren lernst, bist du äußerst wachsam – musst es sein, musst auf alles achten … das Lenkrad, die Straße, die Verkehrsteilnehmer, das Gaspedal, die Bremse, die Kupplung. Du musst auf alles ein Auge haben, musst so vieles berücksichtigen … und du bist nervös, und jeder Fehler stellt eine Gefahr dar.

Das ist gefährlich, also musst du höllisch aufpassen. Aber kaum kannst du fahren, brauchst du nicht mehr so aufzupassen; dann übernimmt die Roboterseite deines Verstandes die Kontrolle.

Das ist es, was wir „Lernen“ nennen. Etwas gelernt haben heißt, dass die Kontrolle vom Bewusstsein auf den Roboter übergegangen ist. Jetzt kannst du es „selbst im Schlaf“.
Das Unbewusste übernimmt, das gibt deinem Bewussten den Raum, etwas anderes zu lernen. Allein das ist von unschätzbarer Bedeutung; andernfalls müsstest du dein Leben lang ein und dasselbe lernen.

Der Verstand ist ein ausgezeichneter Diener, ein guter Computer. Nutze ihn, aber denk daran, dich nicht von ihm beherrschen zu lassen. Achte darauf, dass du in der Lage bleibst bewusst zu sein, dass er dich nicht mit Haut und Haaren verschlingt, nicht zu deinem Ein und Alles wird. Dass du dir immer ein Türchen offen hältst, durch das du aus dem Roboter herausschlüpfen kannst.

## Seltsamer Typ

Es ist sehr schwer, den Verstand dazu zu bringen, sich zu konzentrieren, denn er wehrt sich mit allen Kräften, fällt ständig in seine alten Gewohnheiten zurück.
Du ziehst ihn wieder hoch, und er sackt wieder in sich zusammen. Du holst ihn wieder zu dem Thema zurück, auf das du dich konzentrieren willst, und plötzlich merkst du, dass du an etwas ganz anderes denkst, dass du vergessen hast, worauf du dich konzentrieren sollst. Nein, leicht ist es nicht.
Aber ihn beiseite zu schieben ist etwas ganz Einfaches, überhaupt nicht schwer. Dazu bedarf es nur der Beobachtung. Ganz egal, was in deinem

Verstand abläuft – misch dich nicht ein, versuche es nicht zu stoppen. Tu einfach überhaupt nichts, denn egal was du tust, es wird eine Disziplin daraus. Tu also überhaupt nichts. Schau einfach nur zu. Das Allerseltsamste am Verstand ist, dass er, sobald du zum Beobachter wirst, zu verschwinden beginnt. So wie Licht das Dunkel vertreibt, vertreibt Beobachtung den Verstand – mitsamt seinen Gedanken und all seinem Drumherum.

## Denken, Nichtdenken – Stille

Intellekt ist gleichbedeutend mit Denken. Sein Bewusstsein entdeckt man im Zustand des Nichtdenkens … absolut still, dass nicht mal der kleinste Gedanke dazwischenfunkt. In solcher Stille entdeckst du dein eigentliches Wesen – es ist so riesig wie der Himmel. Und es kennen heißt, wirklich etwas kennen, das Wert besitzt. All dein anderes Wissen ist Abfall dagegen. Dein Wissen mag nützlich sein, zweckdienlich, aber es kann dir nicht helfen, dein Wesen zu transformieren. Es kann dich nicht zur Erfüllung führen, zu keiner Zufriedenheit, keiner Erleuchtung, keinem Punkt, wo du sagen kannst: „Ich bin zu Hause angelangt."

## Gedankengestöber

Deine Gedanken, das bist nicht du.
Dort herrscht ständiger Stoßverkehr.
Auf dem Bildschirm deines Geistes wimmelt es von
Gedanken, aber du bist nicht einer von ihnen.
Du bist der Zeuge, du stehst abseits,
du siehst dem ganzen Gedankengestöber zu.
Was immer du sehen kannst, bist nicht du.
Das muss das Kriterium sein:
Alles, wovon du Zeuge werden kannst, bist nicht du.
Du bist der Zeuge.

## Die kleinen Dinge des Lebens

Das Leben besteht aus ganz unscheinbaren Dingen. Wenn du dich also für die so genannten großen Dinge zu interessieren beginnst, wirst du das Leben verfehlen.
Das Leben besteht darin, eine Tasse Tee zu trinken; mit einer Freundin zu tratschen; einen Morgenspaziergang zu machen ohne bestimmtes Ziel – einfach nur, um zu gehen, ohne Sinn, ohne Zweck, du kannst jederzeit umkehren; ein Essen zu kochen für jemanden, den du liebst; für dich selber zu kochen – denn du liebst auch den eigenen Körper; deine Kleider zu waschen; den Fußboden sauber zu machen;

den Garten zu gießen … lauter so kleine Dinge, ganz kleine Dinge … einem Fremden einen guten Tag zu wünschen – was gar nicht nötig war, denn du wolltest mit diesem Fremden ja nicht ins Geschäft kommen …

Ein Mensch, der einem Fremden Guten Tag sagen kann, kann auch einer Blume Guten Tag sagen, kann auch einem Baum Guten Tag sagen, kann den Vögeln ein Lied singen.

## Unvollkommen gut!

Andere haben ihr Urteil über dich abgegeben und du hast ihre Vorstellung ungeprüft übernommen. Du hast unter den Urteilen aller möglichen Leute zu leiden und hältst es genauso wie sie: bewirfst andere mit deinen Urteilen. Dieses Spiel ist über jedes Maß hinausgewachsen, und die gesamte Menschheit leidet darunter. Wenn du da rauskommen willst, ist das Allererste: Beurteile dich nicht selber. Nimm deine Unvollkommenheit – deine Fehlschläge, deine Fehler, deine Schwächen – mit Demut. Sei einfach du selbst. Du brauchst nicht so zu tun, als wärst du jemand anderes.

Sobald du dich selbst akzeptierst, wirst du auch andere akzeptieren können, weil du dann die klare Erkenntnis hast, dass sie an der gleichen Krankheit zu leiden haben. Und die Tatsache, dass du dich akzeptierst, wird ihnen helfen sich zu akzeptieren. Wenn die ganze Menschheit an den Punkt kommen kann, wo jeder so akzeptiert wird, wie er ist, wird sich neunzig Prozent des Leidens in Luft auflösen.

## Tugendhaft?

Wenn du voller Tugendhaftigkeit sein willst, ist es schon keine Tugendhaftigkeit mehr.
Tugendhaftigkeit zu üben ist etwas Totes, ist reiner Ballast. Tugendhaftigkeit ist nur dann tugendhaft, wenn sie spontan ist. Tugend ist nur dann voller Tugend, wenn sie natürlich ist, ungeübt … wenn sie aus deiner Weisheit, deiner Bewusstheit, deiner Erkenntnis kommt.
Normalerweise stellt man sich unter Religion vor, etwas auszuüben. Das ist nicht so. Es ist eines der grundlegendsten Missverständnisse über die Religion. Du kannst Gewaltverzicht üben, wirst aber trotzdem gewalttätig bleiben, weil sich an deiner

Sehweise nichts ändert, du noch immer deine alten Augen hast. Der Gierige mag noch so viel teilen, aber die Gier wird die gleiche bleiben. Selbst sein Teilen wird noch von Gier geprägt sein, denn man kann nicht etwas üben, das gegen das eigene Verstehen geht, weit über das Verstehen hinausgeht.

Man kann sein Leben nicht in Prinzipien zwängen, es sei denn, diese Prinzipien entsprechen der eigenen Erfahrung.

Aber die so genannten gläubigen Menschen versuchen „Tugendhaftigkeit zu üben“ – darum sind gerade sie die untugendhaftesten Menschen auf der ganzen Welt. Sie versuchen Liebe zu üben, und sind die lieblosesten Menschen auf der ganzen Welt.

Sie haben jede Art von Unfrieden gestiftet:

Kriege, Hass, Wut, Feindseligkeit, Mord.
Sie üben Freundschaft, aber von Freundschaft ist weit und breit nichts zu merken.
Sie führen unentwegt Gott im Munde,
aber im Namen Gottes säen sie immer nur Streit.

## Agieren und Reagieren

Es gibt zwei Worte, die man sich merken muss: Reaktion und Erwiderung. Die meisten Leute reagieren und erwidern nicht. Deine Reaktion kommt aus deinem Gedächtnis, aus deinen früheren Erfahrungen, aus deinem Wissen; sie ist immer unangebracht in einer frischen, neuen Situation. Und die Existenz ist fortwährend frisch.
Wenn du also entsprechend deiner Vergangenheit handelst, ist das Reaktion. Aber dieses Reagieren wird nichts ändern – weder die Situation noch dich; es wird einfach gar nichts ausrichten.
Erwidern entsteht von Augenblick zu Augenblick. Es hat nichts mit dem Gedächtnis, sondern etwas mit

deiner Bewusstheit zu tun. Du erfasst eine Situation ganz klar; du bist sauber, still, gelassen, und aus dieser Gelassenheit heraus handelst du spontan.
Es ist kein Re-Agieren, sondern ein Agieren.
Du hast noch nie zuvor so gehandelt!
Und das Wunderbare dabei ist,
dass es immer der Situation entspricht.

## Einfach so sein …

Hab ein Ziel, und über kurz oder lang landest du auf
der Couch des Psychoanalytikers.
Ich habe die Vision von einem Leben ohne Ziele.
Das ist die Vision aller Buddhas.
Alles existiert einfach so, ohne jeden Grund.
Alles ist einfach absolut absurd.
Hat man dies erst verstanden, wozu dann die Eile,
und für wen?

## Jetzt!

Die größte Besessenheit, an der die Menschheit leidet, ist das „Wie es sein sollte“. Das ist eine Art von Wahn. Der wirklich gesunde Mensch kümmert sich nicht darum, wie es sein sollte.
Sein ganzes Augenmerk gilt dem Unmittelbaren, dem Vorhandenen. Und du wirst überrascht sein: Sobald du dich auf das Unmittelbare einlässt, wirst du das Letztendliche darin finden. Sobald du dich auf das Naheliegende einlässt, wirst du all die weit entfernten Sterne darin finden.
Sobald du dich auf den gegenwärtigen Augenblick einlässt, hältst du die ganze Ewigkeit in Händen.

## Der Mensch ist das einzig unvollendete Lebewesen

In diesem ganzen riesigen All ist der Mensch das einzige Wesen, das unvollendet ist. Und hierin liegt seine Herrlichkeit – denn Unvollendetheit bedeutet Wachstum, im Unvollendeten bleibt etwas offen, ist Entwicklung möglich. Wenn du vollendet, perfekt bist, geht's nicht mehr weiter. Vollendung wäre für das Menschsein Selbstmord. Überleg doch nur: Was willst du machen, wenn du perfekt bist? Erstens ist das ausgeschlossen, und zweitens, sollte es dennoch möglich sein – was dann? Der Perfektionist stünde dumm da, denn er kennt nur eine Art zu leben, und zwar ständig für Verbesserung zu sorgen.

## Rasenpflege

Jeder trägt Masken, die lächeln und glücklich ausschauen, und jeder betrügt jeden. Du trägst eine Maske, damit andere dich für glücklicher halten als sie es sind, und du hältst andere für glücklicher als dich selbst. Das Gras auf der anderen Seite des Zauns sieht grüner aus. Es wirkt tatsächlich grüner, dichter, besser. Das ist die Illusion der Entfernung. Sei einfach du selbst, und dann lebst du ohne Unglück und Rivalität und den quälenden Gedanken, die anderen könnten mehr haben oder du hättest nicht genug. Wenn du dein Gras grüner haben willst, brauchst du nicht über den Zaun zu schielen; mach das Gras auf deiner Seite des Zauns grüner! So einfach ist das.

## Konsequent inkonsequent

Wer das Leben wirklich mit all seinem Reichtum leben möchte, der muss lernen inkonsequent zu sein – konsequent inkonsequent. Muss lernen, von einem Extrem ins andere zu fallen; manchmal tief in der Erde Wurzeln schlagen und manchmal sich zum Himmel aufschwingen; manchmal sich in den Liebesakt versenken und manchmal in Meditation.

Dann werden, nach und nach, dein Himmel und deine Erde sich immer näher kommen, und du wirst zum Horizont werden, wo sie sich treffen.

## Was gibt es zu verlieren?

Schau dich um: Du siehst Leute, die unglücklich sind, weil sie ständig nur Kompromisse gemacht haben und sich dieses Kompromissemachen nicht verzeihen können. Weil sie wissen, dass sie das Risiko hätten eingehen können, sich aber als Feiglinge entpuppt haben. Sie sind nach ihrem eigenen Verständnis gefallen, haben ihre Selbstachtung verloren. Das kommt vom Kompromissemachen.

Warum sollte man Kompromisse machen? Was haben wir zu verlieren? Du hast nur dieses kurze Leben – lebe so total wie möglich! Hab keine Angst, ins Extrem zu gehen. Mehr als total kannst du nicht werden – das ist die letzte Grenze. Und mach keine Kompromisse.

„Kompromiss" ist eines der hässlichsten Wörter unserer Sprache. Es bedeutet: „Ich gebe zur Hälfte nach, du gibst zur Hälfte nach. Ich gebe mich mit der Hälfte zufrieden, du gibst dich mit der Hälfte zufrieden." Aber warum?

Wenn du das Ganze haben kannst,
wenn du den Kuchen aufessen und dennoch behalten kannst, warum dann Kompromisse machen?

## Schlechte Gewohnheiten

Gewohnheiten wird man nicht dadurch los, dass man sie bekämpft. Aber das genau machen die Leute gewöhnlich. Wenn sie eine Gewohnheit ändern wollen, ersetzen sie sie durch eine andere Gewohnheit: Wenn du das Rauchen aufgeben willst, fängst du mit Kaugummikauen an. Nun, das eine ist so töricht wie das andere. Du kannst die eine Gewohnheit gegen eine andere eintauschen, bleibst aber derselbe unbewusste Mensch.
Eine Gewohnheit aufgeben, ohne sie zu kompensieren und absolut bewusst und achtsam zu bleiben, ohne einen Ersatz zu suchen, gehört mit zum Schwersten im Leben.

Aber es ist nicht unmöglich. Das wahre Leben muss frei von Gewohnheiten sein. Du hast noch im Ohr, man hat es dir oft genug gepredigt: „Gib deine schlechten Gewohnheiten auf!“
Ich dagegen sage dir:
Gib überhaupt alle Gewohnheiten auf!
Es gibt keine guten und schlechten Gewohnheiten – alle Gewohnheiten als solche sind schlecht.
Halte dich fern von Gewohnheiten, lebe ohne Gewohnheiten, dann lebst du von Augenblick zu Augenblick in Freiheit.

## Ich kann nichts dafür …

Wenn du erst einmal einen kleinen Schimmer davon bekommst, dass du der Macher deines eigenen Elends bist, wird es dir von da an sehr schwer fallen, es weiterhin zu verursachen.
Es ist einfach, im Unglück zu leben, solange du weißt, dass andere es verursachen …
Was kannst du dafür? Du bist hilflos. Das ist der Grund, warum wir ständig den anderen die Schuld in die Schuhe schieben.

## Irgendwer ist immer schuld...

Der Durchschnittsmensch schiebt die Schuld immer auf jemand anderen. Immer ist jemand anders daran schuld, dass du leidest. Deine Ehefrau lässt dich leiden, dein Ehemann lässt dich leiden, deine Eltern, deine Kinder gehen dir auf die Nerven. Oder das ökonomische System deiner Gesellschaft, ob Sozialismus, Kapitalismus oder Faschismus, die herrschende politische Ideologie, die Gesellschaftsstruktur. Oder das Schicksal, dein Karma, Kismet, Gott … irgendwer halt.

Die Leute kennen Millionen von Tricks, um sich der Verantwortung zu entziehen. Aber sobald du sagst,

dass es jemand anders ist, der dich leiden macht – ,
kannst du nichts daran ändern. Was kannst du dafür?
Würde die Gesellschaft sich ändern und der
Kommunismus käme an die Macht,
und mit ihm die klassenlose Gesellschaft,
dann wären wir alle glücklich … aber bis dahin ist
einfach nichts zu machen.

Wie kannst du in einer Gesellschaft glücklich sein,
die arm ist? Und wie kannst du in einer von den
Kapitalisten beherrschten Welt glücklich sein?
Wie kannst du in einer Gesellschaft glücklich sein,
die dermaßen bürokratisch ist?
Wie kannst du in einer Gesellschaft glücklich sein,
die dir keine Freiheit gestattet?

Ausreden über Ausreden … Ausreden, die einzig und allein eine Erkenntnis vermeiden, nämlich: „Ich bin verantwortlich für mich selbst. Niemand sonst ist verantwortlich für mich. Ich bin absolut und unweigerlich selbst verantwortlich. Was immer ich bin – ich habe mich selbst so geschaffen.“

## Vorschriften

Immer wenn man Gebote gibt, haben Menschen nur Ärger damit; denn sobald sie in Kraft treten, sind sie schon überholt. Das Leben rast – es ist dynamisch, steht nicht still, ist kein stehendes Gewässer, sondern ein Ganges, der immerfort weiterfließt. Keine zwei aufeinander folgenden Augenblicke lang bleibt es sich gleich. Was also im jetzigen Moment richtig ist, mag im nächsten Moment schon nicht mehr richtig sein. Was also tun?

Das einzig Mögliche ist, dafür zu sorgen, dass die Menschen so bewusst werden, dass sie selbst entscheiden können, wie sie mit einem sich stets verändernden Leben umgehen.

## Goldene Regel?

Die goldene Regel fürs Leben ist, dass es keine goldenen Regeln gibt. Es kann keine geben. Das Leben ist so riesig, so unüberschaubar, so fremd und geheimnisvoll, dass es in keine Regel oder Maxime zu zwängen ist. Alle Maximen greifen zu kurz; sie können das Leben mitsamt seinen lebendigen Energien nicht enthalten. Darum macht die goldene Regel Sinn, dass es keine goldenen Regeln gibt. Ein authentischer Mensch lebt nicht nach Regeln, Maximen, Geboten. Der authentische Mensch lebt ganz einfach.

## Reife

Reife hat nichts mit deinen äußeren Lebenserfahrungen zu tun, sondern hat etwas mit deiner Reise nach innen zu tun, mit Erfahrungen im Innern.

Reife ist ein anderes Wort für Verwirklichung: Du bist zur Erfüllung deines Potenzials gelangt, es hat sich verwirklicht. Dein Samenkorn hat eine lange Reise zurückgelegt und ist zur Blüte gelangt.

## Richtig und falsch

Was ist meine Definition von „richtig“?
Alles was mit der Existenz übereinstimmt ist richtig, und alles was nicht mit der Existenz übereinstimmt ist „falsch“. Du wirst jeden Augenblick aufpassen müssen wie ein Luchs, denn das gilt es jeden Augenblick neu zu entscheiden.
Du kannst dich nicht auf fix und fertige Antworten verlassen, die dir sagen, was richtig und was falsch ist.

## Achtung Sünde!

Einen Menschen kann man nur dann psychisch versklaven, wenn man ihm Schuldgefühle macht. Anders lässt er sich unmöglich in eine bestimmte Ideologie, ein bestimmtes Glaubenssystem einsperren. Aber sobald man ihm Schuldgefühle macht, hat man ihm alles genommen, was mutig in ihm ist, hat man jeglichen Abenteuergeist in ihm zerstört, hat man jede Möglichkeit vereitelt, dass er je ein Individuum wird, das auf eigenen Beinen steht.

Mit der Vorstellung einer Schuld hat man praktisch das menschliche Potenzial in ihm vernichtet.

Er kann niemals unabhängig sein. Sein Schuldgefühl wird ihn zwingen sich abhängig zu machen von einem Messias, von einer Religionslehre, von Gott, von Vorstellungen wie Himmel und Hölle und allem Drum und Dran.

Und um jemandem Schuldgefühle zu machen, bedarf es nur einer ganz simplen Sache: Man beginne damit, seine Fehler und Irrtümer „Sünden" zu nennen.

## Reifeprüfung

Es dauert lange, bis man erwachsen wird, reif wird, einen solchen Reifegrad erlangt, wo du Ja sagen kannst und dennoch frei bleibst, wo du Ja sagen kannst und dennoch kein Herdentier wirst; wo du Ja sagen kannst und dennoch kein Sklave wirst.

Die Freiheit, die einem das Nein einbringt, ist eine sehr kindische Freiheit. Die ist was für Sieben- bis Vierzehnjährige. Aber wenn jemand darin stecken bleibt und sein ganzes Leben lang zum Neinsager wird, dann hat er zu wachsen aufgehört.

Die Reifeprüfung besteht darin, Ja zu sagen mit derselben Freude wie ein Kind Nein sagt. Das ist eine zweite Kindheit.

Und der, der Ja sagen kann mit völliger Freiheit und Freude – ohne alles Zögern, ohne Verpflichtungsgefühle, ohne Bedingungen, aus purer und simpler Freude, ein pures und simples Ja – so einer ist zu einem Weisen geworden. So einer lebt wieder in Harmonie. Und diese Harmonie ist von einer völlig anderen Dimension als die Harmonie der Bäume, Tiere und Vögel. Die leben in Harmonie, weil sie gar nicht Nein sagen können, während der Weise in Harmonie lebt, weil er nicht Nein sagt.
Zwischen diesen beiden, den Bäumen und den Buddhas, befinden sich die Menschen – unerwachsen, unausgereift, kindisch, irgendwo stecken geblieben in dem Versuch Nein zu sagen, nur um eines winzigen Freiheitsgefühls willen.

## Über den Ungehorsam

Ungehorsam ist eine große Revolution. Sie besteht nicht darin, allem und jedem ein Nein entgegenzuschleudern. Sie besteht einfach darin, selbst zu entscheiden, ob man etwas tun möchte oder nicht, ob es sich zu tun lohnt oder nicht. Sie besteht darin, selbst die Verantwortung zu übernehmen.
Es kommt nicht darauf an, die Person zu hassen oder es zu hassen, herumkommandiert zu werden; denn wenn du auf die Art und Weise hasst, kannst du weder gehorsam noch ungehorsam handeln – du handelst lediglich unbewusst. Da kannst du nicht intelligent handeln. Wenn man dir sagt etwas zu tun, gibt dir das die Gelegenheit Stellung zu nehmen.

Vielleicht ist das Gesagte richtig – dann tu's und sei dem Betreffenden dankbar, der es dir im richtigen Moment gesagt hat. Vielleicht ist es nicht richtig – dann stell das klar. Nenne deine Gründe, erkläre, warum es nicht richtig ist. Hilf dem anderen zu verstehen, dass er sich vertan hat. Aber für Hass ist da kein Platz. Wenn es richtig ist, mache es liebevoll. Wenn es nicht richtig ist, dann musst du es noch liebevoller machen, weil du es dem anderen dann zeigen, ihm erklären musst, dass es nicht richtig ist. Der Weg des Ungehorsams ist nicht stur, lehnt sich nicht gegen jedweden Befehl auf und ergeht sich nicht in Gefühlen von Wut oder Hass oder Rache gegen den anderen. Der Weg des Ungehorsams ist ein Weg von großer Intelligenz.

## Wut

Das Leben sollte eingebettet sein in Liebe, nicht in Angst. Erst die Angst führt zur Wut. Erst die Angst führt letzten Endes zur Gewalt.
Hast du das nie beobachtet? Angst ist die weibliche Form von Angst, während Wut die männliche Form von Angst ist. Angst ist eine passive Form von Wut, und Wut ist eine aktive Form von Angst.
Also kannst du aus Angst sehr leicht Wut machen, und aus Wut Angst – ohne weiteres.
Angst ist die eigentliche Ursache von Hass, Wut, Gewalt.

## Timing

Unser Leben ist so kurz, unsere Energiequelle ist so winzig – da ist es einfach idiotisch, es in Traurigkeit, in Wut, in Hass, in Neid und Eifersucht zu vergeuden.
Nutze es zur Liebe, nutze es zu irgendeinem schöpferischen Tun, nutze es zur Freundschaft, nutze es zur Meditation.
Stelle etwas mit deiner Energie an, dass dich höher steigen lässt. Und je höher du kommst, desto mehr Energiequellen stehen dir offen.
Auf dem höchsten Gipfel des Bewusstseins bist du geradezu ein Gott.

## Vorsicht Softie!

Ein Mensch, der nie wütend wird und seine Wut ständig unter Kontrolle hat, ist sehr gefährlich. Hüte dich vor ihm; er kann dich umbringen. Wenn dein Ehemann niemals wütend wird, zeige ihn bei der Polizei an! Ein Ehemann, der ab und zu wütend wird, ist ein natürlicher Mensch, um den braucht man nicht bange zu sein. Aber einer der niemals wütend wird, springt dich irgendwann einmal an und erwürgt dich! Und er wird es tun, als hätte da irgendetwas von ihm Besitz ergriffen. Zu allen Zeiten haben Mörder vor Gericht gestanden: „Ich habe es getan, aber ich war wie besessen." Von wem besessen? Da ist ihr eigenes, ihr unterdrücktes Unbewusstes explodiert.

## Die Existenz hält nichts von Armut

Die Existenz knausert nicht – Millionen und Abermillionen von Blumen, Millionen von Vögeln, Millionen von Tieren – alles im Überfluss. Die Natur ist nicht asketisch, sie tanzt überall – im Meer, in den Bäumen. Sie singt überall – im Wind, der durch die Kiefern streicht, in den Vögeln... Wozu sind Millionen von Galaxien nötig, und jede Galaxie hat Millionen von Sternen? Das scheint nicht nötig zu sein, außer dass Überfluss das Wesen der Existenz ist, dass Reichtum ihr innerster Kern ist. Die Existenz hält nichts von Armut.

## Du bist du und ich bin ich

Niemand ist überlegen, niemand ist unterlegen,
aber auch niemand ist gleich.
Alle sind einfach einmalig, unvergleichlich.
Du bist du, ich bin ich.
Ich muss das Meinige zum Leben beitragen;
du musst das Deinige zum Leben beitragen.
Ich muss mein eigenes Wesen entdecken;
du musst dein eigenes Wesen entdecken.

Ich muss mein eigenes Wesen entdecken.
Du musst dein eigenes Wesen entdecken.

## Verweile einen Augenblick

Wann immer Freude aufkommt, hast du das Gefühl, sie komme von außen. Du hast einen Freund wiedergesehen; natürlich will es dir scheinen, als komme die Freude von deinem Freund – davon, ihn zu sehen. So ist es in Wirklichkeit nicht. Die Freude ist immer in dir; der Freund hat sie lediglich hervorgelockt. Der Freund hat ihr geholfen sich zu zeigen, hat dir geholfen zu sehen, dass die Freude da ist.

Und so ist es nicht nur mit Freude, so ist es mit allem: mit Wut, mit Traurigkeit, mit Unglück, mit Glück – mit allem verhält es sich so. Andere sorgen nur für die Anlässe, dass Dinge zum Ausdruck kommen können,

die in deinem Innern verborgen sind. Sie sind nicht die Ursachen; sie verursachen nichts in dir. Alles was dir widerfährt, widerfährt dir. Es ist seit jeher in dir gewesen; nur hat dir das Wiedersehen mit diesem Freund einen Anlass gegeben, dass sich das Verborgene offen zeigen kann.
Aus den verborgenen Quellen heraus ist es sichtbar geworden, hat es sich manifestiert.
Verweile, wann immer dies geschieht, ganz bei deinem inneren Gefühl, und dann wirst du deine Einstellung zu allem im Leben ändern.

## Ewiges ist immer momentan

Normalerweise kannst du in deinen Lexika unter „dauerhaft“ lesen, dass es so etwas wie ein Synonym für „ewig“ ist. Ist es aber nicht. Das Ewige ist immer momentan. Sieh dir noch einmal die Rose an. Am Morgen ist sie da; bis zum Abend ist sie vergangen. Sie war vergänglich. Aber sie wird wiederkommen – morgen früh ist eine andere Rose da. Es kommen immerzu neue.

Das Ewige zeigt sich durch das Augenblickliche, das Ewige sieht durch das Augenblickliche.
Die eine Blüte geht, die nächste Blüte kommt bereits; tatsächlich geht die erste nur,

um Platz zu machen für die nächste. Die Schönheit ist ewig. Das „Rosenhafte“ ist ewig.

Lebe im Augenblicklichen. Und lebe im Augenblicklichen ohne jedes Verlangen nach Dauer; andernfalls wird dir das Ewige entgehen.
Lebe so großartig und total im Augenblick, dass du das Dauerhafte vergisst. Das Dauerhafte ist eine Projektion in die Zukunft; das Dauerhafte ist dein Verlangen. Es hat nichts mit der Wirklichkeit zu tun.

Das Ewige ist die Tiefe des Augenblicklichen –
das Ewige ist der Augenblick.
Das Dauerhafte ist horizontal, linear.
Das Ewige ist vertikal.

Jemand schwimmt an der Oberfläche eines tiefen Flusses – so zeigt sich das Dauerhafte. Jemand taucht tief in den Fluss hinein – so zeigt sich das Ewige.

Tauche tief in den Augenblick ein, und du wirst einen Hauch vom Ewigen berühren. Schau die Rosenblüte an. Ja, diese Rosenblüte ist vergänglich, aber schau tiefer, tauche tief in sie hinein, und plötzlich wirst du sehen, dass hinter dieser Blüte das Rosenhafte verborgen liegt. Verborgen hinter dieser augenblicklichen Rosenblüte liegt ewige, göttliche Schönheit.

## Kein Wunder

Nur Blinde glauben ans Licht.
Alle, die Augen haben, glauben nicht ans Licht,
sie können es einfach sehen.

## Fakten, Fakten, Fakten?

Wenn du keine meditativen Augen hast,
dann ist dein ganzes Leben nichts weiter als ein
Haufen toter Fakten, zusammenhangslos,
zufällig, sinnlos, ein wirres Knäuel, etwas Beliebiges.

Wenn du Wahrheit erkennst, fällt alles an seinen
Platz. Alles passt harmonisch zusammen,
alles bekommt Bedeutung.
Denke daran: Bedeutung ist der Schatten der
Wahrheit. Und die, die nur mit Fakten leben,
leben ein ungemein sinnloses Leben.

## Dieser Augenblick

Der wunderbarste Augenblick in einem Leben ist der, in dem weder Verwirrung noch Gewissheit herrscht. Man ist einfach nur da – ein Spiegel, der wiedergibt, was ist, ohne Richtung, ohne Ziel, ohne die Vorstellung etwas tun zu müssen, ohne Zukunft – einfach nur restlos im Augenblick, ungemein da … in diesem Augenblick.

## Gleichung mit Unbekannten

Alles Bekannte ist gewöhnlich, platt.
Alles Unbekannte ist heilig.
Und nur durch das Unbekannte
wird das Leben zum Segen.
Nur angesichts des Unbekannten
kannst du dich begeistern
für die Wunder des Lebens und der Existenz.

Nur angesichts des Unbekannten
kannst du dich begeistern
für die Wunder des lebens und der Existenz.

## Süße Versuchung

Bewahre dir das Staunen, wenn du möchtest, dass die Mysterien sich dir erschließen. Mysterien erschließen sich niemals denen, die immerzu Fragen stellen. Fragesteller landen über kurz oder lang in einer Bibliothek. Fragesteller landen über kurz oder lang bei den heiligen Schriften, heilige Schriften sind voller Antworten. Aber Antworten sind gefährlich, sie töten dein Staunen.

Sie sind gefährlich, weil sie dir das Gefühl geben Bescheid zu wissen, obwohl du nichts weißt. Sie wiegen dich in dem irreführenden Gefühl, dass dir alle Fragen gelöst erscheinen: „Ich weiß, was in der Bibel steht, ich weiß, was im Koran steht, ich weiß, was in der Gita steht. Ich hab's verstanden." So wirst du zum Papagei, wirst alles nur nachbeten und gar nichts wissen. Auf die Art erfährt man nichts – durch Wissen erfährt man nichts.

Wie also erfährt man etwas? Durch Staunen! Lass dein Herz in Staunen tanzen. Sei voller Staunen: Pulsiere mit ihm, atme es ein, atme es aus. Warum es mit der Antwort so eilig haben? Kannst du ein Mysterium nicht ein Mysterium sein lassen? Ich weiß, die Versuchung ist groß, es nicht als ein Mysterium zu belassen, es zu Wissen zu degradieren. Woher kommt diese Versuchung? – weil du nur durch Wissen die Kontrolle behalten kannst.

Ein Mysterium hat dich in der Hand. Durch Wissen wirst du zum Kontrolleur. Ein Mysterium besitzt dich. Du aber kannst das Mysteriöse nicht besitzen – es ist so groß und deine Hände sind so klein!
Es ist so unendlich, dass du es nicht besitzen kannst, sondern dich nur von ihm besitzen lassen kannst – und da sitzt die Angst. Wissen kannst du besitzen, es ist so belanglos; Wissen kannst du kontrollieren.

Diese Versuchung des Verstandes, jedes Staunen, jedes Mysterium auf eine Frage zu reduzieren, orientiert sich im Grunde an der Angst. Wir haben Angst, Angst vor der Ungeheuerlichkeit des Lebens, vor dieser unglaublichen Existenz.
Davor haben wir Angst.

Aus Angst verschanzen wir uns hinter einem Wall von ein bisschen Wissen – als Schutz, als Panzerung, als Verteidigung.

Aber es sind nur die Feiglinge, die die außerordentlich wertvolle Fähigkeit des Staunens zu Fragen degradieren. Der wirklich mutige, der couragierte Mensch belässt es, wie es ist. Statt eine Frage daraus zu machen, springt er in das Mysterium hinein. Statt es unter Kontrolle bringen zu wollen, gestattet er dem Mysterium, Besitz von ihm zu ergreifen.

## Das Leben existiert um seiner selbst willen

Die Kunst sei um der Kunst willen da, heißt es. Das mag stimmen oder auch nicht – ich bin kein Künstler. Aber eines kann ich euch sagen: Das Leben existiert um seiner selbst willen. Jeder Augenblick ist absolut um seiner selbst willen da. Ihn für irgendetwas anderes aufzuopfern ist unintelligent.

Und wenn die Gewohnheit des Aufopferns erst einmal einreißt, dann wirst du den jetzigen Augenblick für den folgenden aufopfern, und den nächsten wieder für den nächsten, und so weiter – dieses Jahr für das nächste, und dieses Leben für das nächste Leben!

Das ist einfache Logik: Hast du einmal den ersten Schritt gemacht, ist die ganze Reise schon losgegangen – die Reise, die dich ins Ödland führt, die Reise in die Selbstzerstörung, in den Selbstmord. Lebe im Augenblick, um der schieren Freude willen, ihn zu leben. Lebe ohne jedes Sollte, ohne jedes Müsste, ohne Vorschriften, ohne Gebote.

Ihr seid nicht dazu hier, Märtyrer zu werden, ihr seid dazu hier, das Leben in vollen Zügen zu genießen. Und der einzige Weg zu leben, zu lieben, zu genießen ist der, die Zukunft zu vergessen. Sie existiert nicht.

Wenn du die Zukunft vergessen kannst,

wenn du erkennen kannst, dass sie gar nicht da ist, brauchst du dich auch nicht unablässig auf sie vorzubereiten. Sobald die Zukunft entfällt, wird die Vergangenheit von selber unerheblich.

Wir schleppen uns mit der Vergangenheit ab, weil sie uns in der Zukunft nützen könnte. Warum sie sonst mitschleppen? Es ist unnötig. Wenn es keine Zukunft gibt, wozu dann das Wissen mitschleppen, das dir die Vergangenheit gegeben hast? Es ist ein Ballast, der die Freude an der Reise zerstören wird. Und ich sage es noch einmal: Es ist eine Reise, pur.

Das Leben ist eine Pilgerreise nach nirgendwo –

von nirgendwo nach nirgendwo. Und zwischen diesen beiden Nirgendwos, (diesen No-Wheres), liegt das Jetzt und Hier (das Now-Here): „Nowhere“ besteht aus den beiden „Now“ und „here“.

Zwischen diesen beiden Nirgendwos ist das Hier und Jetzt.

## Zu wissen, dass alles umsonst war, ist der Beginn einer neuen Reise

Zu wissen: „Alles was ich erreicht habe ist verloren!" ist der Beginn einer neuen Suche nach etwas, das nicht zu verlieren ist. Erst wenn man absolut von der Welt und ihren Erfolgen enttäuscht ist,
wird man spirituell.

Ein armer Mensch ist niemals so arm, denn er hat noch seine Hoffnungen: Eines schönen Tages wird die Glücksgöttin ihr Füllhorn über ihn ausschütten; irgendwann wird er „angekommen sein",
„es geschafft haben". Er darf hoffen.

Der Reiche ist angekommen, seine Hoffnungen haben sich erfüllt – nun plötzlich entdeckt er, dass sich gar nichts erfüllt hat. Zwar sind alle Hoffnungen erfüllt, aber sonst gar nichts. Er ist angekommen und doch kein bisschen angekommen. Die ganze Reise hat sich als ein Traum erwiesen. Er ist keinen Zentimeter weitergekommen.

Einer, der in der Welt Erfolg hat, empfindet den Schmerz des Gescheiterten wie sonst kein anderer.

Ein Sprichwort besagt, dass nichts so erfolgreich sei wie Erfolg. Ich halte dagegen und sage: Nichts scheitert so sehr wie Erfolg. Aber das kannst du erst wissen, wenn du Erfolg gehabt hast.

Wenn du alle Reichtümer hast, von denen du je geträumt, für die du geplant und hart gearbeitet hast, dann sitzt inmitten all dieser Reichtümer der Bettler – innerlich zutiefst leer und hohl.
Nichts drinnen, alles draußen!

Im Gegenteil: Wenn alles da draußen ist, wird der Kontrast umso stärker. Es unterstreicht einfach nur deine innere Leere und Nichtigkeit.
Es hebt einfach nur deine innere Bettlerhaftigkeit und Armut hervor.
Ein Reicher lernt Armut kennen,
wie kein Armer sie je kennen kann.

Ein Reicher lernt Armut kennen,
wie kein Armer sie je kennen kann.

## Über Osho

Oshos Lehren widerstehen jeglicher Kategorisierung, sie gehen von der persönlichen Sinnsuche bis hin zu den dringendsten sozialen und politischen Fragen, mit der die Welt heute konfrontiert ist. Seine Bücher sind nicht geschrieben, sondern aus zahllosen Tonband- und Videoaufnahmen transkribiert. Er hat über einen Zeitraum von 35 Jahren vor einer internationalen Zuhörerschaft stets aus dem Stegreif gesprochen.

Wie ein roter Faden zieht sich durch alle Aspekte von Oshos Arbeit die Vision einer Verschmelzung der zeitlosen Weisheit des Ostens mit den höchsten Potenzialen westlicher Wissenschaft und Technik. Vor allem seine revolutionären Neuansätze zur Wissenschaft der inneren Transformation haben Osho berühmt gemacht. Sein Verständnis von Meditation wird dem rasanten Tempo einer modernen Lebensweise gerecht.

www.osho.com